BEI GRIN MACHT SICH IHR WISSEN BEZAHLT

- Wir veröffentlichen Ihre Hausarbeit, Bachelor- und Masterarbeit

- Ihr eigenes eBook und Buch - weltweit in allen wichtigen Shops

- Verdienen Sie an jedem Verkauf

Jetzt bei www.GRIN.com hochladen und kostenlos publizieren

Wolf Birkenbihl

Georg Friedrich Händel – Der Triumph von Zeit und Wahrheit

Das Leben eines Komponisten

GRIN Verlag

Bibliografische Information der Deutschen Nationalbibliothek:

Die Deutsche Bibliothek verzeichnet diese Publikation in der Deutschen National-
bibliografie; detaillierte bibliografische Daten sind im Internet über http://dnb.d-
nb.de/ abrufbar.

Impressum:

Copyright © 2011 GRIN Verlag, Open Publishing GmbH
Druck und Bindung: Books on Demand GmbH, Norderstedt Germany
ISBN: 978-3-640-81126-7

Dieses Buch bei GRIN:

http://www.grin.com/de/e-book/165444/georg-friedrich-haendel-der-triumph-von-
zeit-und-wahrheit

GRIN - Your knowledge has value

Der GRIN Verlag publiziert seit 1998 wissenschaftliche Arbeiten von Studenten, Hochschullehrern und anderen Akademikern als eBook und gedrucktes Buch. Die Verlagswebsite www.grin.com ist die ideale Plattform zur Veröffentlichung von Hausarbeiten, Abschlussarbeiten, wissenschaftlichen Aufsätzen, Dissertationen und Fachbüchern.

Besuchen Sie uns im Internet:

http://www.grin.com/

http://www.facebook.com/grincom

http://www.twitter.com/grin_com

Georg Friedrich Händel

Der Triumph von Zeit und Wahrheit

Das Leben eines Komponisten

Von Wolf H. Birkenbihl

Georg Friedrich Händel

Der Triumph von Zeit und Wahrheit

Von Wolf H. Birkenbihl

Das vorliegende Skript über das Leben und Wirken Georg Friedrich Händels beginnt mit den frühen Jahren des Komponisten in Halle, seiner Geburtsstadt, wo er bereits als kleiner Junge seine Liebe für die Musik entdeckt und auf dem Dachboden des elterlichen Hauses, immer wenn sich Zeit findet, heimlich auf einem Klavikordium spielt.

Am Hof des Herzogs von Sachsen in Weissenfels wird man während einer Visite des Vaters Georg Händel, der das Amt eines herzoglichen Leibarztes bekleidet, erstmals auf den zehnjährigen Knaben aufmerksam, als er sich an der Orgel in der Schlosskirche probiert. Der Herzog möchte das Talent des Jungen auf jeden Fall fördern. Vater Händel zeigt sich zu diesem Zeitpunkt gegenüber einem solchen Vorhaben eher ablehnend, denn der Sohn soll Jura studieren.

Erst die Freundschaft mit Georg Phillip Telemann zu Beginn des 18. Jahrhunderts führt Händel weg von Halle nach Hamburg, wo er seine Schaffenskraft erstmals voll entfalten kann. Hier beginnt er auch mit der Komposition von Opern - seinem Lieblingsgenre für die folgenden Jahrzehnte.

Neben der Oper nimmt seit seinem Aufenthalt in Rom fortan auch das Oratorium einen hohen Stellenwert in seiner Kompositionsarbeit ein. Für Händels weiteres Fortkommen ist die Zeit in Italien von grundlegender Bedeutung.

Das Hauptaugenmerk vorliegender Darstellung liegt jedoch auf den Jahren in London, wo der Komponist den Rest seines Lebens verbringt und Händels Karriere schließlich in der Zeit zwischen 1711 und 1759 ihren Höhepunkt erreicht. In diesen nahezu fünfzig Jahren wird ihm Ruhm zuteil, gelangt er zu Reichtum, müssen Krisen, beruflicher und privater Natur, gemeistert werden.

Szene 1

Einblick in die Kompositionsphase des „Messias". Zunächst sind nur Beine in Seiden-strümpfen und Schuhe zu sehen. ...

Händel läuft in seinem Arbeitszimmer in Brook Street auf und ab, schickt seinen Diener, mehr Tinte und Papier zu besorgen: „Hol Er mir Tinte und Papier – auf, auf." Sein Diener geht und bringt das gewünschte Material: "Hier ist all das, wonach Ihr verlangt, Herr." Händel begibt sich mit der Feder in der Hand an sein Stehpult – komponiert und schreibt nieder. Das Deckblatt zeigt das Datum „London, 22. August 1741" (Im Hintergrund ertönt der „Messias"). Händel spricht laut zu sich selbst: „Wie Licht im Dunkeln sei mein Lied. Das ist der Moment, mein Lob und Ehr an unseren Herrn auf dem höchsten Gnadenthrone auf Papier zu setzen."

Tag für Tag schreibt er von früh bis spät. Am 12. September 1741, nach 3 Wochen Arbeitszeit, ist die Partitur des „Messias" abgeschlossen.

Die Situation im Jahre 1741:

Mit den Oratorien „Saul" und „Israel in Ägypten" erringt Händel in London große Erfolge. Viele Bürger der Stadt sind von den neuartigen Schöpfungen begeistert. Einige einflussreiche Angehörige des Adels verfolgen die Erfolge Händels mit Unbehagen. Da man keine Konkurrenten auftreiben kann, die Händel ebenbürtig sind, greift man zu anderen Mitteln, ihm zu schaden. Man lässt die Ankündigungen für seine Konzerte abreißen, bezahlt Störenfriede, die während der Vorstellung Lärm verursachen, legt Feste extra auf Tage, an denen ein neues Oratorium Händels aufgeführt wird. Auch diese zermürbenden Zustände veranlassen Händel dazu, sein nächstes großes Werk (zunächst jedenfalls) nicht in London, sondern in Dublin aufzuführen. Händel möchte auf Grund des großen Elends in dieser Stadt mindestens eine Aufführung zu wohltätigen Zwecken – ein Benefizkonzert – veranstalten. (Im Namen mehrerer Wohltätigkeitsorganisationen lädt der Vizekönig von Irland, William Cavendish, Händel nach Dublin ein.) Aus diesem Anlass schreibt Händel ein großes Oratorium – den „Messias".

Szene 2

Uraufführung des „Messias" in der „Neals Music Hall" in Dublin am 13. April 1742, bei der etwa 700 Zuhörer, dicht gedrängt, zugegen sind. Das Publikum besteht an diesem Abend aus etlichen Bischöfen, Dekanen, Professoren, Justizbeamten, sowie seiner Lordschaft, dem Lord-Statthalter und dessen Familie. Signora Avolio tritt als Sopranistin auf. Nach Abschluss der Aufführung tritt zunächst eine längere, endlos erscheinende Stille ein. Endlich entlädt sich die Spannung der Anwesenden in tosendem Beifall und Vivat-Rufen. Händel erhebt sich von der Orgel und verbeugt sich leicht.

Szene 3

Alle Gazetten[*] berichten bald darauf von diesem Ereignis, der „Messias" ist Tagesgespräch. Turbulente Straßen in Dublin – voller Menschen, Reitern und Kutschen ....

Zurück zu den Anfängen:

Von Kindesbeinen an zeigt Händel ungemeine Freude an der Musik. Sein Vater, der ihn zum Juristen bestimmt hat, gerät hierüber in Unruhe und verbietet dem kleinen Händel, sich mit Musikinstrumenten jeglicher Art abzugeben. Seine im Hause lebende Tante Anna lässt ihm heimlich, während einem der häufigen Krankenbesuche des Vaters, ein kleines Clavichordium auf den Dachboden bringen. Nachts, sobald sich jeder im Haus zur Ruhe begeben hat, schleicht Händel (noch nicht einmal 10 Jahre alt) hinauf zu seinem Instrument und übt sich im Spielen.

Szene 4

Eines Tages, als Händel wieder einmal seine musikalischen Gehversuche unternimmt, schließt der Hausknecht die Bodentür ab, und er kann nicht, wie sonst, beim Glockenschlag der Hallenser Liebfrauenkirche zum Abendbrot hinunter steigen. Wie soll er sich nun bemerkbar machen, ohne sein Geheimnis preis zu geben? Verzweiflung steigt in dem Jungen auf. In dieser Notlage kommt ihm die Angst vor dem Vater zu Hilfe. Er malt sich dessen Strafpredigt aus und erinnert sich dabei an den Satz, den der Wundarzt oft gebraucht: „Hilf dir selbst, so hilft dir Gott." „Der Allmächtige wird es fügen, wie es ihm gefällt", sagt sich

---

[*] „Im neuen Musiksaal der Fishamble Street wurde vergangenen Dienstag Händels neues großes Oratorium mit dem Titel „Der Messias" aufgeführt". (Dublin Journal)

Händel und spielt ein altes Kirchenlied, um sich damit Mut zu machen. Kurz darauf erscheint die Tante mit bleichem, angstvollem Gesicht aufgeregt in der Kammer und verharrt dort, bis Händel feierlich einen Choral, den er schon mehrstimmig ausführen kann, beendet.

Eine andere maßgebliche Begebenheit ereignet sich am Hof (Schloss Neuaugustusburg) des Herzogs von Sachsen-Weißenfels (wohl) im Jahre 1696. Von Zeit zu Zeit begibt sich der Vater nach Weißenfels, um als Arzt oder geheimer Kammerdiener seinen beruflichen Pflichten beim Herzog nachzukommen.

Szene 5

Als der Vater wieder einmal zu einer Fahrt in die benachbarte Residenzstadt aufbricht, möchte ihn sein Sohn Georg Friedrich unbedingt begleiten und lässt sich von seinem Wunsch nicht abbringen, obwohl der Wundarzt energisch ablehnt. Die Kutsche fährt ab und Händel folgt dem Wagen zu Fuß nach. Die schlechten Wege halten das Fuhrwerk schon bald auf, so dass es der Sohn einholt. Der Vater ist über diese Kühnheit und diesen Eigensinn sehr erbost und fragt ihn: „Wie habt Ihr Euch dieses unterfangen dürfen, nachdem es Euch so ernstlich untersagt worden?" Statt einer Antwort erneuert der Knabe sein Bitten und Flehen, mitkommen zu dürfen. „So sei es", meint daraufhin der Wundarzt. „Solch ein starker Wille soll belohnt werden." (Mainwaring) Der Vater hilft dem Jungen in die Kutsche und der Wagen rollt weiter Richtung Weißenfels.

Szene 6

Dort angekommen, bemüht sich ein Diener um den Jungen. Immer wieder bittet der Knabe darum, auf der Orgel spielen zu dürfen. Der Hoforganist, ein alter, wenig gesprächiger Mann, nimmt ihn schließlich mit auf die Orgelempore in der Schlosskirche und weist ihn in das Notwendigste, was zum Orgelspiel gehört, ein.

Bei seinem nächsten Besuch am herzoglichen Hof nimmt der Vater seinen Sohn wieder mit.

Szene 7

Der kleine Händel darf den Hoforganisten für die Dauer des Gottesdienstes in die Schlosskapelle begleiten. Gebannt beobachtet er dessen Orgelspiel. Am Ende des Gottesdienstes darf Händel an die Orgel und sein Können unter Beweis stellen: „Es begab sich, da der kleine Händel nach geendigtem Gottesdienst sich zum Ausgange auf der Orgel hören ließ, daß der Herzog eben in der Kirche zugegen war. Die Art zu spielen erweckte seine Aufmerksamkeit dergestalt, daß er bei der Wiederkehr aus der Kapelle seinen Kammerdiener (Carl Händel, jüngster Sohn Georg Händels aus erster Ehe) frug, wer es gewesen, der sich auf der Orgel so wohl gehalten hätte, und erhielt zur Antwort, sein Bruder habe solches getan." (Mainwaring)

Szene 8

Der Herzog lässt Händel hierauf zu sich rufen und lobt den Knaben für sein vortreffliches Spiel. Nach Hinzutreten von Vater Händel fragt Herzog Johann Adolph sogleich: „Bei wem lässt Er seinen Sohn so trefflich unterweisen?" „Ich weiß von keinem Unterricht als dem im lutherischen Gymnasium zu Halle", erwidert Georg Händel verlegen. Der Herzog fährt fort, dass zwar ein jeder am besten wisse, wozu er seine Kinder erziehen wolle; es seines Erachtens aber eine Sünde „ ... wider das gemeine Beste und die Nachkommen sei", die „... Welt eines solchen anwachsenden Geistes gleich in der Jugend ..." zu berauben.

„Rechtswissenschaft wird er studieren" gibt Händels Vater zur Antwort und fügt hinzu "... obgleich die Musik eine artige Kunst und ein hübscher Zeitvertreib sei ..." dient sie dennoch „... zu nichts anders als zur Belustigung und Ergetzlichkeit ..." Dem Knaben, so die Meinung des Herzogs, müsse die Freiheit gelassen werden, „dem natürlichen Hange seines Geistes zu folgen ..." (Mainwaring). Während der ganzen Unterredung sind die Augen des Sohnes auf seinen mächtigen Fürsprecher gerichtet. Der Vater Händels zeigt sich schließlich einsichtig und willigt ein, seinem Sohn fortan Musikunterricht erteilen zu lassen.

Nach Halle zurückgekehrt folgt der Vater dem Rat des Herzogs und dem Drängen seines Sohnes und übergibt Händel dem Unterricht von Friedrich Wilhelm Zachow (Organist an der Liebfrauenkirche und Dirigent des städtischen Chorus musicus).

Szene 9

Zachow erteilt dem 11-jährigen Händel Unterricht am Cembalo (im Hause Händel), zeigt seinem Schüler die unterschiedlichsten Schreibarten, Setzarten von Noten und Stile, sowie seine „Sammlung italienischer und deutscher Musikalien" (Mainwaring).

Von diesem Zeitpunkt an darf Händel ungehindert dem Ruf der Musik folgen. Nach etwa zweijähriger Ausbildungszeit sucht Zachow nach einer Möglichkeit, seinen Schüler auch noch durch andere Meister zu fördern. Als sich der brandenburgische Kurfürst Friedrich III. medizinischen Ratschlag bei dem renommierten Wundarzt Georg Händel einholen möchte, ist der Zeitpunkt gekommen. Georg Friedrich Händel begibt sich zusammen mit seinem Vater nach Berlin. Zachow ist wohlbekannt, dass sich die Kurfürstin Sophie Charlotte mit großem Eifer für talentierte junge Musiker einsetzt. Tatsächlich bekommt der Knabe die Möglichkeit vorzuspielen.

Szene 10

Georg Friedrich Händel am Cembalo im Schloss Charlottenburg. Kurfürstin Sophie Charlotte und einige wenige Höflinge hören den schwungvollen Stücken zu und spenden Beifall. Die Kurfürstin wendet sich zu den Anwesenden um und spricht von einer einmaligen Entdeckung. „Dieses begnadete Talent muss nach Italien entsandt werden und dem Kinde ist Unterricht bei den vortrefflichsten Lehrmeistern zu erteilen".

Szene 11

Wieder in Halle angekommen, beratschlagt Georg Händel das großzügige Ansinnen der Kurfürstin mit seiner Frau. Der Knabe Georg Friedrich Händel betritt den Raum und der Vater teilt ihm mit: „... wenn er sich einmal zu des Königs Diensten verbunden haben würde, müßte er darin verbleiben, es möge ihm nun gefallen oder nicht. Befände er sich nun beständig in Gnaden, so würde man ihn schwerlich entlassen, erweckte er aber nur das geringste Mißfallen, so wäre sein Untergang vor der Tür." (Mainwaring) Vater Händel greift zur Feder und schreibt eine Entschuldigung. Der junge Händel nimmt dies schmollend zur Kenntnis.

Das Schreiben an die Kurfürstin und an den Kurfürsten lautet: „Mit der größten Ehrerbietung obliegt es uns zu erkennen, daß Ihro Gnaden ein gar so gnädiges Auge auf unseren Sohn zu schlagen geruhet hätten, wir aber selbst nunmehro alt geworden und kurze Zeit zu leben vermeinen, unseren Sohn bei uns haben mögen. Ehrergiebigst hoffend, Ihro Majestät mögen allergnädigst verzeihen, daß wir diese hohe Gnade in Untertänigkeit verbäten, die unserem Sohn auf königlichen Befehl angetragen (worden) sei" (frei nach Mainwaring). Dem Sohn gegenüber machte er nochmals deutlich: „Es ist seit jeher unser Wunsch, dass er die Rechtswissenschaft studiert." Außerdem fügte er hinzu: „Ein Herr ist gewillt, stets nur einen Diener aus ihm zu machen. Denk er daran." Georg Friedrich Händel unterdrückt seinen Unwillen und verlässt an der Hand seiner Mutter den Raum..

Am 10. Februar 1702, im Alter von 17 Jahren, immatrikuliert sich Händel an der neugegründeten Universität von Halle (wohl in Rechtswissenschaften). Kaum einen Monat später, im März 1702, wird ihm für ein Probejahr die Stelle des wegen Trunksucht in Verruf geratenen Organisten Johann Christoph Leporin angeboten, für den er schon vorher des öfteren eingesprungen war. Händel nimmt das Angebot begeistert an.

Szene 12

Händel begleitet an der Orgel der Domkirche zu Halle den gottesdienstlichen Choralgesang und dirigiert den Chor.

Einen weiteren, besonders wichtigen Impuls aus der Welt der Musik erhält Händel durch die Freundschaft mit Georg Philipp Telemann, ebenfalls 1702. Dieser war zum Studium der Jurisprudenz nach Leipzig, 30 km von Halle entfernt, geschickt worden.

Szene 13

Telemann (aus Magdeburg kommend und auf der Durchreise nach Leipzig) stellt sich dem Hausdiener im Hause Händel vor und wünscht, den hochgerühmten Schüler Zachows zu besuchen. Der 17-jährige Händel erscheint, die beiden kommen schnell ins Gespräch und entdecken dabei zahlreiche Ähnlichkeiten: „Mein verstorbener Vater verlangte, ich solle die Rechte studieren", berichtet Telemann. „Ich tauge nicht zum Advokaten und suche in Leipzig nur eine lehrreiche Beschäftigung mit der Tonkunst. Nebenher möchte ich auf die Universität gehen und gehorsam die Wissenschaft von der Jurisprudenz erlernen." „Ich glaube gar", sagt Händel überrascht, „wir sind Brüder im Geiste. Auch ich bin Studiosus des gleichen Faches, weil es mir befohlen wurde." „Gewiss", meint Telemann, „was man im Blute hat, lässt sich nicht unterdrücken. Es verlangt sein Recht."

Szene 14

Telemann kramt aus seiner Reisetasche ein Notenbündel hervor – beide begeben sich zum Cembalo. Sie setzen sich gemeinsam an das Instrument, musizieren und komponieren melodische Sätze. Telemann berichtet Händel bei dieser Gelegenheit: „Ich komponiere viele Dramen, nicht nur für Leipzig, ... sondern auch für Sorau, Frankfurt und den Weißenfelsischen Hof." Besonders rühmt Telemann die Oper in Hamburg, weil dort neuerdings in deutscher Sprache gesungen wird.

In Leipzig gibt es bereits ein kleines Opernhaus unter der Leitung von Nikolaus Strungk, für das sich Telemann sehr engagiert.

Die Welt der Oper schlägt Händel sofort in ihren Bann. Halle wird ihm zu klein, an der Universität hält ihn nichts, und auch sein Probejahr an der Domkirche geht zu Ende.

Zu eben jener Zeit entbrennt ein Streit zwischen Mutter und Sohn. Händel soll sich fortan, so verlangt es die Mutter, nicht mehr der Musik, sondern nur noch dem Studium der Rechtswissenschaften widmen, um so zur finanziellen Unterstützung seiner beiden jüngeren Schwestern beizutragen.

Szene 15

Eines Abends bei Tisch verlangt die Mutter energisch, sich ihrem Willen zu beugen und von der Musik abzulassen: „Er ist mein einziger Sohn und er hat den Auftrag für die Familie zu sorgen". Sie fährt fort: „Ihm obliegt es auch, die Lücke zu schließen, die durch des Vaters Tod gerissen wurde". Sie fügt hinzu: „Er hat zudem für seine beiden Schwestern zu sorgen und es ist somit seine Pflicht, sich fortan ausschließlich dem Studium der Rechte zu widmen." Händels große Hände umspannen die Armlehnen des Sessels, so dass das Holz knarrt. Sein Gesicht erhält einen Ausdruck von Unnachgiebigkeit und er antwortet: „Musste nicht Moses der Stimme folgen, die aus dem Dornbusch zu ihm sprach?" und fährt fort: „Musste Samson nicht Vater und Mutter verlassen, weil es ihm sein Geist befahl? Und lehrtet Ihr mich nicht, der eigenen Einsicht zu vertrauen? Mein Vater war zum Kupferschmied bestimmt", fügte er hinzu.„„nach eigenem Willen wurde er ein hochgelobter Arzt. Laßt mich in diesem Sinne seinem Vorbild folgen, ferne Länder bereisen und als Musikus Ehre erwerben". „Er hat sich also entschieden", sagt die Mutter, „so muss es denn sein".

Im Sommer 1703 kommt Händel nach Hamburg – reich an Fähigkeiten und gutem Willen. Wohl durch Vermittlung Telemanns erhält Händel den Posten des zweiten Geigers im Orchester an der Oper am Gänsemarkt. Eines Sonntags trifft er den 22-jährigen Johann Mattheson (Sänger, Cembalist und Komponist am Hamburger Opernhaus) in der Maria-Magdalenen-Kirche. Beide erkennen sich aus ihrer gemeinsamen Orchestertätigkeit wieder und werden miteinander bekannt. Fortan treffen sich die beiden jungen Musiker zum Mittagstisch (meist im Hause Mattheson), zum Wandern, zur Kahnpartie oder zum Musizieren auf Händels möblierter Stube. Allem Anschein nach sucht Mattheson einen Freund, der ihn bewundert. Diese Freundschaft verdüstert sich jedoch durch einen denkwürdigen Zwischenfall, als Matthesons Oper „Cleopatra" am 5. Dezember 1704 in der Hamburger Oper aufgeführt wird.

Szene 16

Da der Komponist selbst die Rolle des Antonius singt, ist Händel mit der musikalischen Leitung betraut worden und dirigiert das Orchester vom Cembalo aus. Antonius entleibt sich eine halbe Stunde vor Ende der Vorführung. Mattheson möchte nun, nach seinem Bühnentod, wieder die Leitung des Orchesters übernehmen und schreitet zu diesem Zweck in vollem Kostüm auf Händel zu. Dieser weicht nicht von seinem Platz und Mattheson herrscht ihn an: „Geh er mir aus dem Wege!" „Er müsste mich schon von hinnen tragen", antwortet Händel. „Hinfort mit ihm, man schaffe ihn mir vom Leibe," ruft Mattheson zu den Musikern gewandt. Das Publikum wird unruhig, es ertönen Pfiffe. Mattheson will sich auf Händel stürzen, doch die Musiker halten ihn davon ab. Das Publikum trampelt und klatscht begeistert. Trotz der Aufregung kommt allmählich wieder Ordnung in die Aufführung und die Oper klingt aus. Die Angelegenheit scheint erledigt zu sein.

Szene 17

Beim Verlassen des Opernhauses beginnt Mattheson erneut, Händel zu beschimpfen. „Er ist ein dürftiger Straßenmusikant" und fährt fort: „Er hat keine Ehre im Leibe und taugt zu gar nichts." Mattheson fordert Händel auf, seinen Degen zu ziehen. Händel gehorcht, obwohl er im Fechten nicht sehr geschickt ist. Der Kampf beginnt. Zwischenzeitlich hat sich auf dem Gänsemarkt eine beachtliche Menschenmenge versammelt, die die beiden Kontrahenten anfeuert. Plötzlich trifft Matthesons Klinge den Gegner in der Herzgegend, doch seine Klinge zerspringt an einem metallenen Knopf am Rock Händels. Beide schieben hastig ihre Degen in die Scheide und eilen in verschiedenen Richtungen davon.

Die Pächter der Hamburger Oper, Keiser und Drüsicke, vermitteln kurze Zeit später zwischen Händel und Mattheson. Beide vertragen sich wieder, doch es dauert Wochen, bis der Vorfall einigermaßen vergessen ist.

„Almira" (Almira, Königin von Kastilien), Händels erste Oper, die im Hamburger Opernhaus am 8. Januar 1705 uraufgeführt wird, ist ein großer Erfolg. Das Libretto (von Giulio Pancieri) bietet Gelegenheit für reiche Dekorationen und aufwändige Ausstattung. Keiser selbst hat Händel mir der Vertonung des Librettos beauftragt.

Szene 18

Die Oper („Almira") beginnt mit einem Krönungsspektakel zu einem Chor von 3 Trompeten und Trommeln. Es folgt ein Ballett am spanischen Hof zu einer Chaconne und einer Sarabande. Eine weitere Tanzszene enthält der dritte Akt – einen Maskentanz der Kontinente. Der in römische Tracht gekleideten Europa schreitet eine Oboen-Kapelle voran; Afrika wird zum Klang von Trompeten und Trommeln von 12 Mohren, Asien, mit Pfeil und Bogen, begleitet von Becken, Piccoloflöten und Militärtrommeln, von Löwen gezogen. Händel sitzt am Cembalo und leitet das Orchester, Mattheson singt die wichtigste Tenorrolle (vermutlich den Fernando). Das Publikum spendet stürmisch Beifall.

Zur selben Zeit wie Händel hält sich Prinz Ferdinando de' Medici, Großherzog von Toskana, in Hamburg auf und wird (wohl) bei einer der zahlreichen Aufführungen von „Almira" auf den jungen Komponisten aufmerksam geworden sein. Bald darauf erscheint der Prinz bei Händel zu Hause, zeigt ihm einige Notenblätter namhafter italienischer Komponisten aus seiner Musikaliensammlung und ermuntert ihn dazu, nach Florenz zu kommen. Darüberhinaus sichert er ihm auch finanzielle Unterstützung zu. Händel schafft sich zunächst eigene Rücklagen, bevor er im Sommer 1706 nach Italien aufbricht, um zu lernen und vor allem Aufträge in den Zentren des italienischen Musiklebens zu erhalten.

Szene 19

An einem Tag im Frühjahr 1705, als Händel in seinem Gemach am Stehpult komponiert, erscheint Prinz Ferdinando und bekundet großes Interesse an seiner Musik. Händel lässt sich von ihm eine Auswahl mitgebrachter handschriftlicher Notenblätter (u.a. von Arcangelo Corelli), sowie Proben aus italienischen Opern zeigen. Der Prinz ermuntert ihn, nach Italien zu kommen und dort seine Fertigkeiten zu erweitern und Neues kennen zu lernen: „Was er bereits von dem Ruhme der Italiener gehöret, würde ihn gewißlich bewegen, die Reise zu unternehmen, sobald es ihm bequemlich fiele" (frei nach Mainwaring). Zudem sichert der Prinz ihm zu: „Sollte er die Reise mit mir anzutreten gedenken, wird es ihm an keiner Bequemlichkeit fehlen". Händel bedankt sich für die ihm erwiesene Ehre und verabschiedet den Prinzen höflichst. „... er blieb entschlossen, auf seine eigne Kosten nach Italien zu gehen, sobald er nur zu dem Ende einen Vorrat gesammelt haben würde."[*] Händel ist es äußerst wichtig, diese Reise aus eigener Tasche finanzieren zu können.

Auf Einladung von Ferdinand de' Medici reist Händel im Sommer 1706 nach Florenz und wird vom Prinzen im Palazzo Pitti als Gast aufgenommen. Hier erlernt er die italienische Sprache und widmet sich in der Bibliothek (390 Musikbände) dem Studium der großen Musikalien-Sammlung des Prinzen. Zudem finden täglich Konzerte des Prinzen im Palast statt.

Szene 20

Händel studiert, an einem der großen Lesetische der Bibliothek stehend, Notenbücher und einzelne, lose Notenblätter. Ein Diener in Livrée tritt hinzu und bittet ihn, ihn zum täglichen Konzert des Prinzen im angrenzenden Raum zu begleiten. Beide betreten andächtig die kleine konzertante Aufführung, bei der der Prinz den Ton angibt.

---

[*] Mainwaring

Mit einem Empfehlungsschreiben des Prinzen ausgestattet reist Händel (Januar 1707) nach Rom und begibt sich, einer persönlichen Einladung des Kardinals Ottoboni folgend, in dessen Palast. Ottoboni, einer der wohlhabendsten Männer Italiens und Förderer jeglicher künstlerischer Talente, wird von einem Zeitgenossen, dem französischen Diplomaten de Brosses, als „ohne Moral, ohne Glauben, schamlos, heruntergekommen, Freund der Künste und großer Musiker" bezeichnet.

Szene 21

Ein junger Lakai leitet Händel zu Kardinal Ottoboni und vermerkt, kurz bevor beide den Saal betreten, „Seine Eminenz unterhält die besten Musiker und Sänger Roms, den berühmten Arcangelo Corelli und den jungen Paolucci, von dem es heißt, er besitze die beste Stimme Europas, so daß er jeden Mittwoch ein hervorragendes Konzert in seinem Palast anbieten kann...["]*

Ottoboni begrüßt seinen ersehnten Gast überschwänglich, erbricht das Siegel des Empfehlungsschreibens Ferdinando de' Medicis, liest und fragt Händel schließlich: „Wie denkt er über den italienischen Gesang?". Händel antwortet: „Eminenz, ich habe hier gelernt, dass Singen wahrlich eine Gnade ist, hörte Stimmen von großartiger Süße, wie sie mir zuvor gänzlich unbekannt (waren)." Ottoboni erwidert: „Seine Heiligkeit der Papst haben derartige Lustbarkeiten wie die Opera in Rom untersagt. Vielleicht schafft er Möglichkeiten, uns auf andere Weise zu erfreuen?"•

Im Palast Ottobonis findet wenig später das legendär gewordene Treffen bzw. der musikalische Wettbewerb zwischen Georg Friedrich Händel und Domenico Scarlatti statt.

Szene 22

Vor Kardinal Ottoboni und einer aus Bischöfen, Adeligen und Corelli, dem Leiter von Ottobonis Privatorchester, bestehenden Jury stellen (im Palast des Kardinals) zunächst Scarlatti, dann Händel ihre Kunstfertigkeit auf dem Cembalo unter Beweis. Die Jury berät sich nach Beendigung dieser Darbietung. Ottoboni tritt nach einer Weile feierlich vor die beiden Musiker und verkündet: „Welch eine glückliche Fügung, zwei Meister treffen hier

---

* Monsieur de Blainville, Travels through Holland ..., London 1743 - 1745
• Gemeint sind Oratorien

zusammen – wohl von verschiedenem Temperament, doch von ebenbürtigem Talente." Der Wettstreit auf dem Cembalo geht unentschieden aus – es gibt zwei Sieger. „Doch nun", spricht der Kardinal, „lasst uns die Orgel hören." Alle begeben sich raschen Schrittes in die Hauskapelle des Palastes. Wiederum tritt Scarlatti zuerst an. Seine Leichtigkeit beflügelt die Zuhörer. Händels Spiel überzeugt alle Anwesenden durch die ungeheuere Wucht. Die klare Vielstimmigkeit und der Farbenreichtum lösen Staunen und Begeisterung aus. Scarlatti bekennt von selbst, dass er von Händel auf der Orgel übertroffen worden ist: „Nie habe ich derartige Stärke auf diesem Instrumente vernommen, bevor ich ihn darauf gehöret." Die Anwesenden drängen sich um den begnadeten, jungen Organisten und beglückwünschen ihn. Kardinal Ottoboni nennt Händel scherzhaft „Famoso Sassone".

Sein wichtigster, auch zuverlässigster römischer Mäzen, in dessen Palast (Palazzo Bonelli) er auch wohnt, ist der weltliche Fürst Francesco Maria Ruspoli. Im Palast dieses Fürsten finden wöchentlich Konzertveranstaltungen statt. Da Ruspoli in den Jahren 1707/08 über keinen festen „Maestro di capella" verfügt, ist Händel auf einer geregelten Basis bei ihm angestellt und komponiert hier einige Vokalstücke. Das wohl bedeutendste, in dieser Zeit entstandene Werk, ist das Auferstehungsoratorium („La Resurrezione"), Händels erstes geistliches Oratorium.

Szene 23

Am Ostersonntag 1708 wird im großen Saal im Erdgeschoss des Palazzo Bonelli* „La Resurrezione" aufgeführt.

*Zur Ausstattung des Saales an jenem Tag siehe folgende Aufzeichnung (zitiert nach: Christopher Hogwood, Georg Friedrich Händel, Frankfurt a.M. und Leipzig 2000, S. 65 – 66): Im großen Saal im Erdgeschoss des Palazzo Ruspoli wurde ein „teatro a scalinata" aufgebaut, vier terrassenförmig angeordnete Sitzreihen für das Orchester, etwa 12 Meter breit, leicht zum Publikum hin geneigt und zur Rückwand hin ansteigend. Zwischen Orchester und Publikum befand sich eine Absenkung mit einem erhöhten Podium in der Mitte für die „Concertini de' Violini (den ersten und zweiten Geiger) und vielleicht auch für Händel mit seinem Cembalo. Achtundzwanzig Notenständer wurden gebaut, Pulte und Füße in der Form flötenartiger Füllhörner, bemalt halb mit dem Wappen des Marchese, halb mit dem der Familie seiner Frau, all dies in goldenem chiaroscuro. Über dem Proszenium, von einer Wand des Saals zur anderen, hing ein langer Prospekt, bemalt mit Putten, Palmen und Laub in gelbem und karmesinrotem chiaroscuro. In seinem Zentrum befand sich eine Tafel mit dem Titel des Oratoriums – sechsundvierzig Buchstaben in vier Zeilen, jeder Buchstabe etwa 18 cm hoch; diese Lettern, die ausgeschnitten und mit Transparentpapier unterlegt waren, wurden von der Rückseite her durch siebzig Öllampen beleuchtet. Rosen-, karmesinroter, gelber und roter Samt mit Taft- und Samtrosetten umschlang den dekorativen Bogen. Ein Taftvorhang, der sich an sieben hölzernen Flaschenzügen bewegte, verbarg die Bühne. Die ganze „Kirche und Halle", üppig dekoriert mit roten und gelben, goldbestickten Taft- und Samtstoffen, wurde von sechzehn Kandelabern beleuchtet.

Das pièce de resistance der Dekorationskunst war der bemalte Hintergrundvorhang, fast vier mal vier Meter groß. Auf ihn waren die dramatis personae aus Händels Oratorium dargestellt. Innerhalb des Rechtecks befand sich ein runder Rahmen in gelbem chiaroscuro, in den vier Ecken kleinere Rahmen in ähnlicher Farbgebung, die das Wappen der Ruspoli umschlossen. Im Zentrum, „al naturale" gemalt, war die Auferstehung unseres Herrn mit einer Glorie von Putten dargestellt. Der Engel sitzt auf dem Grab und verkündet Maria Magdalena und Maria Cleophas die Auferstehung; während der Evangelist Johannes an einem Berg steht und Dämonen in einen Abgrund stürzen.

Auf diesem extra gefertigten Podium postieren sich der Chor der Peterskirche, sowie die Hauskapelle des Kardinals Ottoboni. Das Orchester wird von Corelli geleitet, Händel selbst sitzt am Cembalo. Die besten Sänger Roms singen die Solopartien. Alle Mitwirkenden sind in farbenprächtige Kostüme gekleidet. Die anwesenden Gäste setzen sich größtenteils aus Mitgliedern des Adelstandes, sowie einigen Kardinälen zusammen. Die Begeisterung beim teilhabenden Publikum ist immens.

In römischen und italienischen Adelskreisen ist Händels Name fortan in aller Munde. Bereits im Winter 1707/08 wird Händel von Kardinal Vincenzo Grimani, einem Venezianer, auf ein von ihm verfasstes Libretto aufmerksam gemacht, das schließlich als Grundlage für seine Oper „Agrippina" dient.

Szene 24

Am 26. Dezember 1709 wird „Agrippina" im Theater des Kardinals Vincenzo Grimani (auch Vizekönig von Neapel), dem „Teatro di San Giovanni Crisostomo"*, in Venedig aufgeführt. Händel sitzt, mit einer Larve vor dem Gesicht, wie gewöhnlich am Cembalo. Neben ihm steht zu Beginn der Vorstellung sein Freund Scarlatti und sagt zu den Anwesenden: „Dieser Spieler kann wohl kein anderer sein als der berühmte Sachse oder der Teufel selbst." Die Zuhörer sind geradezu bezaubert von der Darbietung. Leidenschaftliche Zwischenrufe feuern die Sänger an. Fast jede Arie muss wiederholt werden, so dass die Aufführung bis spät in die Nacht dauert. Sooft eine Pause eintritt, rufen die Zuschauer: „Viva il caro Sassone". („Es lebe der liebe Sachse.")

Szene 25

Tags darauf werden die Melodien der Oper in den belebten Gassen, in gut besuchten Kaffeehäusern und auf den mit Gondeln zu befahrenden Kanälen Venedigs gesungen. Auch einige Gazetten berichten von diesem Ereignis am Vorabend.

Händel etabliert sich mit der Aufführung von „Agrippina" endgültig als Komponist von internationalem Rang.

Unter den ausländischen Diplomaten, die der „Agrippina" Aufführung beiwohnen, befinden sich auch Baron Kielmannsegg, Oberstallmeister des Kurfürsten von Hannover, und Charles Montagu, Earl of Manchester, der britische Gesandte. Beide laden Händel an ihre jeweiligen Höfe ein. Georg Ludwig, Kurfürst von Hannover, ernennt den 25-jährigen am 16. Juni 1710 zum Kapellmeister. Auf Bitten Händels und unter Vermittlung Kielmannseggs kommt man überein, dass „ihn auf zwölf Monate oder länger, wenn ers verlangte, Urlaub gegeben werden sollte, zu reisen wohin er wollte" (Mainwaring). Da Händel in Hannover nicht recht Fuß fassen kann, reist er Ende 1710 nach London, wohl der Einladung des Earl of Manchester folgend. Zu diesem Zeitpunkt deutet jedoch nichts darauf hin, dass sich Händel länger in England aufhalten möchte. Er will noch einen weiteren musikalischen Hof kennen lernen (so Mainwaring). Händel ist in London kein Unbekannter. Auszüge aus „Agrippina" waren

---

* Das Theater wird als das vornehmste und wohlhabendste der Stadt gerühmt. Insbesondere der überdimensionale Kronleuchter mit dem Wappen der Familie Grimani, der jeweils eine Stunde vor Vorstellungsbeginn von der Decke herab gesenkt wird, findet bei Zeitgenossen vielfach Erwähnung.

bereits auf Londons Opernbühnen erklungen. Wohl durch seinen Gastgeber an das Haymarket Theatre vermittelt, komponiert Händel für ein Libretto des jungen Theaterdirektors Aaron Hill, das auf der Geschichte von Rinaldo und Armida basiert, die Oper „Rinaldo".

Szene 26

Ein einfacher Mann in eher schäbigen Kleidern bewegt sich mit einem Käfig voller Sperlinge auf der Schulter durch eine belebte Gasse nahe des Haymarket Theatre. Er trifft hier auf einen Bekannten, der ihn sogleich fragt, was er da auf der Schulter trage. Dieser gibt zur Antwort, er habe die Sperlinge für die Oper gekauft. „Wie das?", entgegnet sein Gegenüber, in dem er sich die Lippen leckt. „Sollen sie gebraten werden?" „Nein, nein", antwortet der andere, „sie sollen gegen Ende des ersten Aktes eingesetzt werden und über die Bühne fliegen."

An vielen Ecken der Stadt hängen bereits Ankündigungen (natürlich in italienischer Sprache) für Händels Oper „Rinaldo" aus. Die Premiere am 24. Februar 1711 im Queen's Theatre am Haymarket wird Händels erster großer Opern-Erfolg in London.

Szene 27

Der Schwarm Sperlinge auf der Bühne dient als Requisit des Lustgartens. Die Vögel spielen fortan jedoch in allen Szenen (bei unpassendster Gelegenheit) mit, da sie nicht mehr einzufangen sind. Die Oper schwelgt in Donner, Blitz, Illumination und Feuerwerk. Zwei gemalte Drachen, die von einem Jungen bedient werden, speien Feuer und Rauch. Insbesondere die Auftritte der Zauberer sorgen für große Begeisterung und Beifall bei den Zuschauern. Die Verantwortlichen für die Mechanik des Bühnenbildes haben jedoch vergessen, die Seitenkulissen auszutauschen, und so sehen sich die Zuschauer mitten in einer lieblichen Höhle mit dem Anblick des Ozeans konfrontiert. Plötzlich taucht ein wohlgekleideter Mann in langer Perücke mitten auf dem Ozean auf und schnupft in aller Ruhe seinen Tabak, statt zwischen Bäumen und Blumen auf und ab zu gehen. Händel selbst setzt sich mit virtuos improvisierten Cembalo-Intermezzi in Szene.

„Rinaldo" ist der größte Erfolg der Saison und wird fünfzehnmal gespielt. Zum ersten Mal wird Händel in einer Veröffentlichung der Lieder aus „Rinaldo" abgebildet, allerdings immer noch mit seiner deutschen Livrée: „Mr. Hendel, Kapellmeister des Kurfürsten von Hannover".

Nach Beendigung der Londoner Saison kehrt Händel zu seinem Arbeitgeber nach Hannover zurück. Im Herbst des Jahres 1712 bittet Händel den Kurfürsten um Erlaubnis, nach England zurück kehren zu dürfen, und dies wird ihm auch gestattet unter der Bedingung, sich nach geraumer Zeit wieder in Hannover einzufinden.

Händels wichtigster Mäzen in jener Zeit ist Lord Burlington, in dessen Residenz Burlington House am Piccadilly er 3 Jahre wohnt (1713 – 1716). Dem 19-jährigen Richard Boyle, Earl of Burlington, widmet Händel das Libretto zu seiner Oper „Teseo" (am 10. Januar 1713 am Haymarket Theatre uraufgeführt).

Szene 28

Händel sitzt mit seiner Lordschaft, Persönlichkeiten der Literatur (Alexander Pope, John Gay, Dr. Arbuthnot) und einigen führenden Malern und Architekten (William Kent) sowie Damen der Nobilität an der abendlichen, mit Kerzenschein erhellten Tafel in einem Salon im Burlington House. Lakaien und Diener umringen die Tafel und versorgen die Runde mit Wein, der aus Silberkaraffen eingeschenkt wird. Im Hintergrund spielt ein Kammerorchester vorwiegend Musik von Händel.

John Gay lobt Händels Beitrag zu dieser Gesellschaft mit den Worten: „Dort schlägt Händel die Saiten, den schmelzenden Strang, bewegt die Seele, schickt ein Schaudern durch jede Ader. Dorthin gehe ich oft." („There Handel strikes the Strings, the melting strain transports the Soul und Thrills through ev'ry vein; there oft' I enter").[*] Man trinkt auf Händel und die Künste allgemein.

Am 14. Januar 1713 wird der Spanische Erbfolgekrieg mit dem Frieden von Utrecht beigelegt. Aus diesem Anlass komponiert Händel das Utrechter Te Deum, wobei allerdings kein Vermerk über einen direkten Auftrag von Seiten des englischen Königshauses existiert.

Szene 29

Händel sitzt bei frühabendlichem Dämmerlicht und Kerzenschein an der Orgel in St. Paul's Cathedral und probt mit Musikern der „Chapel Royal" das Utrechter Te Deum.

---

[*] Trivia, BK II

Im September 1714 folgt Händels Hannoverscher Dienstherr als Georg I. der verstorbenen Königin Anna auf den englischen Thron. Das musikalische Großereignis des Jahres 1715 (25. Mai) ist die Uraufführung von Händels Oper „Amadigi" am King's Theatre (Nach der Thronbesteigung König Georgs wurde das vormalige Queen's Theatre in King's Theatre unbenannt).

Szene 30

Das King's Theatre am Haymarket ist überaus gut besucht am Abend jenes 25. Mai 1715. Theaterdirektor Johann Jakob Heidegger („der häßlichste Mann, der je geboren wurde") begrüßt das anwesende Publikum und weist nochmals (neben all den schriftlichen Bekanntmachungen[*] zu dieser Oper) auf die von den Requisiten ausgehenden Gefahren dieser Zauberoper hin. Wasserspiele und Lichteffekte, Fontänen und Flammen, Dämonen und Schäferballette, aus dem Boden aufsteigende künstliche Steinmassive und ein von der Decke herabfahrender Wagen sind die besonderen Effekte dieses Abends. Das Publikum ist begeistert. Diese gelungene Darbietung ist wieder einmal Tagesgespräch, und auch die Londoner Gazetten berichten von diesem Ereignis.

Die Thronbesteigung Georgs I. stärkt die Position Händels in London ungemein. Der König selbst regt Heidegger und Händel dazu an, neben Maskenbällen eine neue, geistvolle Unterhaltung zu arrangieren – eine Bootspartie auf der Themse, zu der ein Instrumentenensemble aufspielt.

Szene 31

Am Abend des 17. Juni 1717 (um etwa 20 Uhr) besteigen der König und seine Entourage (Madame Kielmannsegg[*], Halbschwester des Königs; die Herzogin von Bolton, Gräfin Godolphin, Mrs. Were und der königliche Kammerjunker, Earl of Orkney) die königliche Barke in Whitehall (Whitehall Palace). Noch während Georg I. zusteigt, äußert ein am Ufer stehender Höfling zu der neben ihm stehenden Dame: „Der König ist zweifellos ein herzensguter Mensch, denn auf der ganzen Welt gibt es nur drei Menschen, die er haßt – seine

---

[*]"In dieser Oper muss eine große Anzahl von Dekorationen und Maschinen bewegt werden. Das kann nicht geschehen, wenn Herrschaften auf der Bühne stehen, wo es für sie gefährlich sein würde." (Ankündigung der Direktion)
[*] „der Elefant"

Mutter, seine Frau und seinen Sohn". Man kichert. Der Barke des Königs folgt jene mit Händel und den Musikern, etwa 50 an der Zahl, welche alle Arten von Instrumenten spielen (Trompete, Oboe, Fagott, Querflöte, Blockflöte, Geige und Cello). Beide Barken bewegen sich die Themse hinauf Richtung Chelsea (wo später in der Villa von Lord Ranelagh diniert wird). Bald schon, auf der Höhe von St. Paul's Cathedral, schließen sich dieser königlichen Bootspartie weitere Barken und insbesondere etliche Boote voller Menschen, die zuhören wollen, an.

Es folgt ein „Intermezzo" auf dem Land bei James Brydges, Earl of Carnavon und erstem Herzog von Chandos, Händels neuem Mäzen, für den er auf dessen Sitz in Cannons als Hauskomponist arbeitet (1717 – 1719). Zwischen dem Wasserfest auf der Themse und Februar 1719 wird Händel kein einziges Mal in der Londoner Presse erwähnt. Während dieser Zeit entstehen Händels Concerti Grossi.

Szene 32

Händel sitzt im Musikzimmer des Palastes von Cannons am Cembalo, bringt die Kompositionsarbeiten an den Concerti Grossi zum Abschluss und verfasst das Vorwort zu diesen Suiten: „Ich habe verschiedene neue Stücke hinzugefügt, um das Werk noch brauchbarer zu machen, und wenn es freundliche Aufnahme findet, werde ich weitere publizieren. Denn ich halte es für meine Pflicht, der Nation, die mir so großzügig ihre Protektion gewährt hat, mit meinem bescheidenem Talente zu dienen." Während Händel diese Zeilen niederschreibt, spricht er jedes Wort vor sich hin.

Seit 1720 ist Händel Direktor der Royal Academy of Music. Seine erste Oper, die er in dieser neuen Funktion vorlegt, „Radamisto", wird am 27. April 1720 uraufgeführt.

Szene 33

Im Theater (King's Theatre) herrscht an jenem Abend großes Gedränge. Im Parterre, auf der Galerie und in den Logen wird um jeden Platz gefeilscht (10 Reichsthaler für einen Platz auf der Galerie). Einige Edelleute, Damen wie Herren, fallen auf Grund der großen Hitze und in Ermangelung von Luft in Ohnmacht. Händel bezieht, wie meist, Position am Cembalo. Endlich beginnt, reichlich verspätet, die Aufführung. Die Arie „Ombra cara" (die Händel selbst für eine seiner besten hält) findet enormen Zuspruch beim Publikum, aber auch der

Einsatz von Hörnern stößt auf großen Beifall und trägt zur allgemeinen Hochstimmung bei. Gesteigert wird der große Erfolg noch durch das erstmalige Auftreten des Kastraten (mezzo soprano) Senesino (eigentlich Francesco Bernardi). Der Applaus des Publikums nach Beendigung der Oper ist immens – einer der anwesenden Herren erhebt sich und ruft Händel und dem Orchester zu: „Wie herrlich ist es Herrn Händel gelungen, den Zorn von Tyrannen, die Leidenschaften der Helden und die Nöte von Liebenden im heroischen Stil umzusetzen" (Tenor der zeitgenössischen Presse).

Privat muss Händel in dieser Zeit erhebliche finanzielle Verluste als Folge der Spekulation mit Aktien der zusammengebrochenen Südsee-Gesellschaft (South Sea Company) hinnehmen. Ansonsten ist der Mangel an Informationen über sein Privatleben groß. Eine recht zuverlässige Mitteilung existiert aber:

Szene 34

Wie so oft spielt Händel auch an diesem Abend im Herbst des Jahres 1720 nach dem Abendgottesdienst, während alle Lichter gelöscht werden, die Father-Smith-Orgel in der St. Pauls Kathedrale. Kurz bevor die Kirche nahezu völlig dunkel ist, nimmt er seinen Hut (Dreispitz) unter den Arm und verlässt das Gebäude schnellen Schrittes.

Szene 35

Händel betritt die Taverne „Queen's Arm" (in unmittelbarer Nähe von St. Paul's gelegen), geht durch die Schänke und begibt sich in einen recht großen, mit einem Cembalo ausgestatteten Raum. Hier erwarten ihn bereits etliche Anwesende, überwiegend Herren, bei Wein, Bier und Tabak (Pfeifen) und begrüßen den gern gesehenen Gast. Einige erheben sich und schütteln ihm die Hand. Händel nimmt auf einem einfachen Schemel am Cembalo Platz und improvisiert bei ausgelassener Stimmung einige Stücke, trinkt aus einem Humpen Bier und raucht ein Pfeife Tabak.

Für die vierte Spielzeit der Royal Academy of Music 1722/23 komponiert Händel die Oper „Ottone". Seine Intention, eingängige Melodien zu schreiben, deren Popularität auch für Einzelpublikationen als „Favorite songs" genutzt werden können, führt zu jenem legendären Zerwürfnis des Komponisten mit der Sopranistin Francesca Cuzzoni (dem neuen Star in

London). Diese weigert sich, während einer Probe für „Ottone" eine eher grüblerisch gehaltene Liebesklage, die Arie „Falsa imagine", zu singen.

Szene 36

Händel gerät außer sich vor Wut, als Francesca Cuzzoni[*] ihm bei einer Probe im Theater am Haymarket, wenige Tage vor der Uraufführung von „Ottone" mit den Worten entgegen tritt: „Maestro, dieser Gesang wird mir die Stimme ruinieren. Euer Spiel verlangt stets die höchste Lage. Ihr müßt ändern; dies werde ich so nicht singen." Händel nimmt Haltung an und entgegnet ihr zornig auf französisch: „Oh! Madame. Ich weiß wohl, daß ihr eine leibhaftige Teufelin seid, aber ich will Euch weisen, daß ich Beelzebub, der Teufel Obrister, bin." („Je scais bien que vous êtes une véritable Diablesse, mais je vous ferai scavoir, moi, que je suis Beelzebub, le Chef des Diables".) Darauf fasst er sie um den Leib, hebt die Primadonna hoch und trägt sie zum offen stehenden Fenster. „Werdet ihr wohl Vernunft annehmen, Madame!", sind die Worte, die diese Tat begleiten. Cuzzoni willigt ein: „Jawohl, Maestro. Ich werde tun was euch beliebt."

Ihr Gesang dominiert das Tagesgespräch und lockt so ein zahlreiches Publikum an. Die Aufführung von „Ottone" am 12. Januar 1723 wird ein durchschlagender Erfolg.

Szene 37

Francesca Cuzzoni singt auf der Bühne des Theaters am Haymarket die Arie „Falsa imagine". Händel begleitet die Primadonna geradezu feurig auf dem Cembalo. Das gesamte Theater ist voll besetzt, und es brechen immer wieder Begeisterungsstürme los – so auch auf der Galerie, wo Diener und Lakaien der Vorstellung kostenlos beiwohnen dürfen. Hier kommt es im Laufe der Aufführung zu Tumulten (Rangeleien, sowie einigen Fausthieben) und ein Stallbursche ruft. „Verfluchtes Weib! Sie hat ein ganzes Nachtigallennest im Leib!"

Im Herbst des Jahres 1725 kommt die berühmte italienische Primadonna Signora Faustina Bordoni an die Königliche Musikakademie nach London. Zwischen den beiden berühmtesten Sopranistinnen der Welt, Cuzzoni und Bordoni („intelligent, gutmütig und gut aussehend")[*]

---

[*] „klein, untersetzt, mit teigigem, mürrischem Gesicht" (Horace Walpole)
[*] Tenor der Londoner Presse

entwickeln sich schnell gravierende Rivalitäten. Bei der Aufführung Händels nächster Oper „Admeto" am 31. Januar 1727 kommt es zum Eklat zwischen beiden Primadonnen.

Szene 38

Die drei Hauptakteure in der Uraufführung von „Admeto" im Theater am Haymarket an jenem Abend sind die Cuzzoni, die Bordoni und Senesino. Das Orchester besteht größtenteils aus Deutschen, einigen Italienern und Engländern. Die erste Geige spielt der italienische Violinist Castrucci. Händel selbst dirigiert. Die Parteilichkeit des Publikums für die beiden Sängerinnen wird auf extremste Art und Weise zum Ausdruck gebracht. Sobald die Anhänger der einen anfangen zu klatschen, beginnen die Anhänger der anderen zu zischen. Die beiden Primadonnen beschimpfen sich immer wieder als Hure oder Dirne und fallen bei Ende der Aufführung über einander her und ziehen sich an den Haaren.

Im Juni 1727 erliegt Georg I. in Osnabrück einem Schlaganfall. Kurz vor diesem Tod erhält Händel vom König durch den „Akt zur Einbürgerung" die englische Staatsbürgerschaft. Sein erster Auftrag vom neuen Herrscher (Georg II.) ist die Komposition zur Krönungsmesse.

Szene 39

Am 11. Oktober 1727 findet die Krönung Georgs II. und Carolines in Westminster Abbey statt. An dieser Messe („Coronation Anthems") sind 40 Vokalisten, etwa 160 Geigen, Trompeten, Oboen, Kesselpauken und Bässe, sowie eine Orgel, die hinter dem Altar aufgebaut ist, beteiligt. Die Musiker sind in Hufeisenformation angeordnet; Händel dirigiert das Orchester. Während der Salbung des neuen Königs und der Königin durch den Erzbischof von Canterbury wird „Zadok the Priest" gesungen. Die Anwesenheit der höchsten Nobilitäten des englischen Adels unterstreicht die Bedeutung dieses Ereignisses. Vor der Abtei versammeln sich die Massen.

Am 29. Januar 1728 bringen John Gay und Johann Christoph Pepusch im Lincoln's Inn Fields Theatre die „Beggar's Opera" heraus, in der nicht Helden, sondern Vertreter sozial benachteiligter Gruppen die Hauptfiguren sind. Dieser ironische Gegenentwurf zur italienischen Oper, Musiktheater im wahrsten Sinne des Wortes, greift neben Volkstänzen und Volksliedern insbesondere Arien von Purcell und Händel auf, die mit derben Texten in englischer Sprache versehen, zur Aufführung kommen. Die „Beggar's Opera" ist derart erfolgreich, das das Publikum Händels Opern boykottiert. Die „Bettleroper" kann letztlich sowohl als Parodie als auch als Protest gegen die italienische Opera Seria verstanden werden.

Szene 40

Händel geht in seinem Arbeitszimmer in Brook Street auf und ab während er seinen Ärger über die „Beggar's Opera" monologisierend in Worte zu fassen sucht:

„Nacht für Nacht, Woche für Woche, spielt diese Bettleroper vor vollem Hause, während die Sirenen und Eunuchen am Theater seiner Majestät des Königs vor leeren Sitzen ihre Kunst darbieten. Welch ein Frevel – das ist mein Bankerott. Mr. Gay ergeht sich in Schabernack mit der italienischen Opera. Seine Figuren sind Gauner, Bettler und Huren, nicht Könige, Edelleute und Jungfrauen. Der Pöbel ist hocherfreut ob dieser Worte, die er versteht. Wie es auch sein mag - meine Musik wird letzten Endes über Zeit und Wahrheit triumphieren."

Einen letzten Satz stößt Händel noch verächtlich in englischer Sprache aus: "Ballad opera pelted Italian opera off the stage with Lumps of Pudding."

Die Auflösung der Royal Academy of Music am 1. Juni 1728 (was einerseits mit der schwindenden Unterstützung durch König Georg II., andererseits auch mit dem nachlassenden Interesse des Publikums am italienischen Genre zu tun hat),   bedeutet für Händel noch nicht das völlige Ende der Aufführung italienischer Opern in London. Es werden in den folgenden Jahren aber verstärkt auch englischsprachige Werke, insbesondere aber Oratorien, zur Aufführung gebracht. Mit „Acis und Galathea" wird erstmals eine Oper sowohl in italienischer, als auch in englischer Sprache vorgelegt. Der Niedergang der Oper kann langfristig jedoch nicht mehr aufgehalten werden.

Szene 41

Bei der Aufführung von „Acis und Galathea" am 17. Mai 1732 singen die beiden englischen Solistinnen, Mrs. Robinson und Mrs. Davis, englische Arien in englischer Sprache, die italienische Besetzung (Senesino in der Rolle des Acis und Montagnana als Polifemo) singen in italienischer Sprache; der Chor ist zweisprachig. Die Kulisse stellt eine ländliche Szenerie mit Felsen, Gehölzen, Brunnen und Grotten dar, dazwischen befinden sich Nymphen und Hirten in entsprechenden Kostümen. Das nicht sehr zahlreich erschienene Publikum nimmt das Werk eher verhalten an (Der Beifall fällt an diesem Abend bescheiden aus). Der König und die Königin sitzend frierend in der ersten Reihe des recht leeren Opernhauses und applaudieren.

Ende 1732 kommt es zum Bruch zwischen Händel und Senesino. Der neue Kastrat, der fortan als einer der Starsänger des Komponisten agiert, ist Giovanni Carestini. Ab Herbst 1734 wird die Opernproduktion in Zusammenarbeit mit dem Impresario John Rich im Covent Garden Theatre fortgeführt, da das Haymarket Theatre, vormaliger Schauplatz zahlreicher Händelopern, nun von der sogenannten Adelsoper (zu deren Stars u.a. auch Carlo Broschi, genannt Farinelli, zählt), in Anspruch genommen wird.

Trotz des unaufhaltsamen Niedergangs der italienischen Oper in London verliert Händel nicht den Mut und lässt insbesondere sein sowieso schon eher spärliches Privatleben dadurch nicht beeinträchtigen. Gern folgt er weiterhin Einladungen seiner alten Bekannten und Nachbarin, Mrs. Pendarves.

Szene 42

Händel spielt (an einem Sommerabend im Jahre 1732) im Salon des Hauses der Mrs. Pendarves in Brook Street bestgelaunt Cembalostücke und begleitet die („seine") Sängerin Strada und diverse andere Damen von 7 bis 11 Uhr abends. Die Gastgeberin reicht ihnen Tee und Kaffee. Um etwa 9.30 Uhr bringt eine Hausangestellte ein Silbertablett mit Schokolade, Glühwein und Gebäck herein. Zu Gast sind an jenem Abend auch Lady Rich und deren Tochter, Lady Cath. Hanmer und deren Gatte, Mr. und Mrs. Percival, Sir John Stanley, Mr. Donellan und Mr. Coot (nach einem Brief der Mrs. Pendarves).

Das Beste, was Händel in der Spielzeit der ersten Jahreshälfte 1735 bietet, ist „Alcina", der dritte Teil der Trilogie nach Ariosts „Der rasende Roland". Dieses Werk ist Händels letzter großer Opernerfolg.

Vor der Uraufführung sollte sich aber noch ein Zwischenfall ereignen.

Szene 43

Bei einer Probe von „Alcina" im Covent Garden Theatre kurz vor der erstmaligen Darbietung (16. April 1735) weigert sich Carestini, eine eher unkonventionell geschriebene Arie („Verdi Prati") zu singen und wird von Händel zurecht gewiesen: „Du Hund! muss ich nicht besser wissen als du, was du singen kannst? Willst du diese Arien nicht singen, die ich dir gebe, so bezahle ich dir keinen Stüver". („You toc! don't I know better as your seluf, vaat ist pest for you to sing? If you vill not sing all de song vaat I give you, I vill not pay you ein stiver.") Carestini willigt schließlich ein und die Orchesterprobe wird fortgesetzt.

Händel liebt es, üppig zu speisen und entsprechende Mengen guten Weines zu trinken. Zu diesen Anlässen lädt er von Zeit zu Zeit auch Bekannte und Musiker in sein Haus in Brook Street ein.

Szene 44

In der Oratorienzeit (Herbst 1735) sind der Leiter des königlichen Orchesters, Mr. Brown, und einige Musiker bei Händel zum Mittagstisch in Brook Street eingeladen. Zwei Hausdiener versorgen die anwesenden Herren (6 an der Zahl) mit edlen Speisen und Portwein. Während der Mahlzeit ruft Händel: „Oh! Mir fällt was ein." Seine Gäste bestehen darauf, dass er sich nicht aus Höflichkeit ihnen gegenüber abhalten lassen möge, seine musikalischen Ideen nieder zu schreiben. Mr. Brown fordert ihn geradezu auf, dies zu tun: „Lasse er sich nicht von unserer Anwesenheit gehindert fühlen, seine wertvollen Einfälle zu Papier zu bringen." Händel erhebt sich und begibt sich in sein Arbeitszimmer, das an das Speisezimmer angrenzt. Dieser Vorgang wiederholt sich einige Male, bis einer der Anwesenden sich von seinem Platz erhebt und durch das Schlüsselloch in das angrenzende Zimmer guckt, wo er sieht, wie Händel sich ein Glas Burgunderwein einschenkt und in einem Zug leert. Sofort unterrichtet der Beobachter alle Anwesenden von diesem heiteren Anblick. Das Gelächter ist groß. Händel „beichtet", dass er den Wein erst kürzlich von seinem Freund, Lord Radner, geschenkt bekommen habe.

Zu Beginn des folgenden Jahres lockt Händel mit seinem „Alexanderfest", weder Oper noch Oratorium, ein großes Publikum nach Covent Garden.

Szene 45

Uraufführung des „Alexanderfestes" am 19. Februar 1736 im Covent Garden Theatre. Bei Händels Erscheinen im Orchestergraben bricht das Publikum in allgemeinen Beifall aus. Solisten sind Anna Strada, Cecilia Young, der Tenor John Beard (noch keine 20 Jahre alt) und ein deutscher erster Bassist namens Erard (Erhard?), der in „Revenge, Timotheus cries" glänzt. Das Orchester ist auffallend groß. Es sind mindestens 1300 (?) Menschen bei dieser Vorstellung anwesend. Das „Alexanderfest" hat auf Anhieb großen Erfolg beim Publikum.

Insbesondere große Erschöpfung, aber auch manche Enttäuschung, wie der Niedergang der Oper, belasten Händel gesundheitlich schwer. Am 13. April 1737 erleidet er (sehr wahrscheinlich) einen Schlaganfall. Als Folgen werden allgemeine Schwäche und eine Lähmung der rechten Körperhälfte fest gestellt. Trotz einer bedenklichen Sprachhemmung scheint die Funktion der Sinne nicht gestört zu sein. Auch die Londoner Presse reagiert auf die Erkrankung Händels.

Szene 46

Kutschen, Sänften, Reiter, Marktfrauen, allerlei Gesindel und gut gekleidetes Bürgertum bewegen sich an Händels Wohnhaus in Brook Street vorbei. Ein Zeitungsjunge präsentiert die neueste Ausgabe der „London Evening Post", die folgende Neuigkeit über Händels Erkrankung zu berichten weiß: „Der geniale Handell ist schwer krank, und es heißt, er sei gelähmt und könne seine rechte Hand nicht mehr bewegen, und wenn dies sich nicht bessert, wird das Publikum auf seine großartigen Kompositionen verzichten müssen."[*]

Eine Kur in Aachen vom September bis Oktober 1737, bei der Händel täglich mehrere Stunden in den heilenden Bädern verbringt, lässt seine Kräfte wieder allmählich erwachen.

Szene 47

Eines Tages im Oktober jenes Jahres nehmen Nonnen in der Aachener Kirche St. Ursula Orgelspiel wahr. Ein behäbiger Mann sitzt auf der Orgelbank und greift mit Elan in die Tasten. Smith, Händels Sekretär, der dem „Maestro" zu jener Zeit einen Besuch abstattet, tritt ohne Unterlass den Blasebalg. Einige Nonnen bestaunen Händel wie eine überirdische Erscheinung.

---

[*] London Evening Post, 14. Mai 1737

Im November kehrt Händel genesen nach London zurück. Anlässlich des Todes von Königin Caroline (20. November 1737) wird unter seiner Leitung das „Funeral Anthems" am 17. Dezember zur Aufführung gebracht. Bis Anfang Januar 1738 wird Staatstrauer angeordnet.

Szene 48

Am 3. Januar 1738 zeigt sich Händel bei der Uraufführung von „Faramondo" im Haymarket Theatre erstmals wieder dem Publikum. Man ehrt ihn durch außerordentlichen und langanhaltenden Beifall, Händel verneigt sich leicht und nimmt am Cembalo seinen Platz ein. Eine neue Sopranistin, Elisabeth Duparc, genannt „La Francesina", tritt hier zum ersten Mal auf, ebenso wie William Savage, ein englischer Countertenor.

Das Londoner Publikum ist nun endgültig bereit, Händel als klassische Figur der Musikszene anzuerkennen. Auch in den „Vauxhall Gardens" erklingt seine Musik in den folgenden Jahren häufig. Fortan wendet er sich verstärkt der Komposition von Oratorien zu. Sein größter Erfolg im Jahre 1742 wird die Aufführung des „Messias", zunächst in Dublin, im darauf folgenden Jahr auch in London (s. Szene 1, 2, 3).

Das Publikum, so der Tenor der zeitgenössischen Presse, bringt ihm nach seiner Rückkehr aus Dublin wieder mehr Zuneigung entgegen als zuvor. 1743 komponiert er nach dem Sieg von Dettingen (dort hatten englische und hannoveranische Truppen unter Führung Georg II. die französische Armee in die Flucht geschlagen) das „Dettinger Te Deum", das begeistert aufgenommen wird.

Auf Grund seiner wieder etwas in Mitleidenschaft gezogenen Gesundheit verbringt Händel im Frühjahr 1745 längere Zeit zur Erholung auf Exton Hall in der Grafschaft Leicestershire, dem Wohnsitz des Earl of Gainsborough. Im folgenden Jahr, 1746, wird das Königshaus durch den von Frankreich unterstützten katholischen Thronprätendenten Charles Edward Stuart akut bedroht (Landung in Schottland). Händel wartet mit dem Beginn der Arbeit an „Judas Makkabäus", bis der Sieg der Engländer fest steht. Nach der Schlacht von Culloden macht er sich im April 1746 in aller Eile ans Werk, mit dem der Herzog von Cumberland nach seiner siegreichen Rückkehr aus Schottland geehrt werden soll.

Szene 49

Empfang des siegreichen Herzogs von Cumberland (hoch zu Ross), flankiert von einigen Reitern, sowie umringt von einer Schar wilder Hunde, vor dem Palast von St. James's. Jubelndes Volk umringt den Helden. (Einspielung des „Judas Makkabäus" im Hintergrund)

Der Österreichische Erbfolgekrieg (Dettingen war hierbei der letzte wichtige Sieg der Engländer gewesen) geht im Oktober 1748 mit der Unterzeichnung des Aachener Friedens zu Ende. Bereits im November beginnen Bühnenbildner damit, im Green Park ein Gebäude (ca. 133 m lang und 36 m hoch) aus Holz im Palladiostil zu errichten (mit einem zentralen Triumpfbogen und Kolonnaden, Statuen griechischer Götter und einem Basrelief des Königs). Die gesamte Anlage soll für ein großes Feuerwerk zur Feier des Aachener Friedens dienen. Händel wird damit beauftragt, die entsprechende Musik zu komponieren.

Szene 50

Die Aufführung der „Music for the Royal Fireworks" im Londoner Green Park zur Feier des Aachener Friedens am 21. April 1749 um 7 Uhr abends sorgt für enormen Zulauf. Eine große Menschenmenge versammelt sich rund um das Gebäude, die Mehrheit aber positioniert sich vor der Freitreppe. Einer der Zuschauer (John Byrom) ruft kurz vor Einsatz des Orchesters. „Welch ein allgemeiner Wahn der Danksagung, venezianischen Jubelfeiern, italienischem Feuerwerk und deutschem Heidentum ..."

Der König, die Königin, sowie Angehörige der königlichen Familie, die Lords, Ladies und (wohl auch) Händel selbst sitzen auf einer mit Stoff verkleideten Tribüne aus Holz gegenüber dem reich dekorierten und mit pflanzlichem Rankwerk geschmückten Gebäude, in dem sich das Orchester (9 Trompeten, 9 Hörner, 24 Oboen, 12 Fagotte, 3 Paar Kesselpauken, sowie etliche Streicher) und als „Gottheiten des Olymps" verkleidete Schauspieler befinden, die entsprechend platziert worden sind. Zunächst wird die Musik gespielt, dann werden die Feuerwerkskörper und Feuerräder gezündet. Der rechte Pavillon geht auf Grund fehlgeleiteter Feuerwerkskörper in Flammen auf, was die „Gottheiten des Olymps" dazu veranlasst, aus dem Gebäude zu entfliehen. Es beginnt zu regnen.

Händels Gesundheitszustand hatte sich gleichzeitig mit seiner finanziellen Situation verbessert. Die Aufführung seiner Oratorien erfreut sich auch in den folgenden Jahren großer Beliebtheit beim Londoner Publikum.

Szene 51

Bei einer Aufführung von „Salomon" (King's Theatre) an einem Abend im Frühjahr 1750 werden Händel bei seinem Auftritt zwei Wachskerzen vorangetragen, die man auf die Orgel stellt. Unter lautem Beifall setzt er sich, und das ganze Orchester beginnt im gleichen Moment zu spielen. Italienische Sänger singen englische Texte. Die Mezzosopranistin Signora Galli singt die Titelrolle (eines der Beispiele dafür, dass Händel eine Männerrolle mit einer Sängerin besetzt). Die Aufführung ist bestens besucht, das King's Theatre nahezu voll besetzt. Nach Ende der Vorstellung tritt ein guter Bekannter Händels, Lord Kinnoull, auf ihn zu und lobt ihn für die „edle Unterhaltung, welche er der Stadt gerade geboten habe." „Mylord", sagt Händel, „ich würde es bedauern, wenn ich sie lediglich unterhalten würde. Mein Wunsch ist es, sie zu bessern." (James Beattie, 1780)

Im August 1750 begibt sich Händel auf eine Reise nach Deutschland (wohl, um Verwandte und Bekannte zu besuchen). Bei seiner Rückreise stürzt seine Postkutsche zwischen Den Haag und Harlem um, und er wird dabei leicht verletzt. Wieder nach England zurück gekehrt beginnt er Anfang 1751 mit der Niederschrift an „Jeptha", seinem letzten Oratorium. Während der Kompositionsarbeit vermerkt Händel explizit das Schwinden seiner Sehkraft in der Partitur.

Szene 52

Händel steht (mit der Feder in der Hand) beim Schein von zwei Kerzenleuchtern am Stehpult im Arbeitszimmer seines Hauses in Brook Street und arbeitet an der Partitur für „Jephtha", verzweifelt spricht er vor sich hin: „Tiefdunkle Nacht, kein Tag, kein Licht umhüllt mein Angesicht". In der ersten Zeile eines vor ihm liegenden Blattes steht geschrieben: „It must be so". In schnellem Tempo setzt er seine Kompositionsarbeit an diesem Abend fort. Mitten im Schlusschor des zweiten Aktes („How dark, O Lord, are thy decrees") bricht Händel mit einer Notiz in deutscher Sprache ab: „Biss hierher gekommen den 13. Februar 1751, Mittwoch, verhindert worden wegen relaxation des Gesichts meines linken Auges". Zudem verursacht ihm die Gicht Schmerzen in Armen und Beinen. (Im Hintergrund Einspielung von „Jephtha")

Im Laufe des Sommers erblindet Händel auf dem linken Auge, und so dauert es letztlich sieben Monate, bis das Werk vollendet ist. Sir Edward Turner bemerkt am 14. März 1751: „Der edle Händel hat ein Auge verloren, aber ich habe das Vergnügen, Ihnen mitzuteilen, daß die Heilige Cäcilia sich nicht über irgendeinen Defekt seiner Finger beschweren kann." Allmählich lässt auch die Sehkraft seines rechten Auges nach. In der Fastenzeit des Jahres 1752 (26. Februar) wird „Jephtha" zur Aufführung gebracht. Das Publikum ist beeindruckt, findet aber nichts Außergewöhnliches an diesem Werk. Im August 1752 verschlechtert sich der Zustand seiner Sehkraft nochmals, „eine paralytische Störung hat seinen Kopf ergriffen und ihm sein Augenlicht geraubt" (General Advertiser). Auch eine Augenoperation durch William Bromfield (Chirurg am St. George's Hospital) im November des selben Jahres bringt keinen Erfolg. Händel ist nun vollkommen erblindet. In den folgenden Jahren werden unter Leitung von Händels Sekretär und Schüler, John Christopher Smith, etliche Oratorien hauptsächlich in Covent Garden nochmals aufgeführt. Manches Mal spielt Händel dabei aus dem Gedächtnis und in Verbindung mit einer phänomenalen Improvisationskunst die Orgel.

Im Frühjahr 1757 lädt Covent Garden zu dem Oratorium „The Triumph of Time and Truth" (Dritte Version des 1707 in Rom entstandenen Stücks, nunmehr mit einem englischen Text unterlegt).

Szene 53

Ein Knabe führt den blinden, greisen Händel die Stufen hinauf zur Orgel und wacht über seine Schritte. Händel nimmt Platz und spielt die jeweiligen Orgelstücke. Es herrscht großer Andrang am Abend jenes 11. März 1757 im Covent Garden Theatre bei der Aufführung von „The Triumph of Time and Truth".

Im August des folgenden Jahres hält sich Händel in Tunbridge Wells auf und wird dort durch den Okulisten John Taylor behandelt. Eine Besserung kann jedoch nicht mehr bewirkt werden, sein Gesundheitszustand verschlechtert sich rapide. Das letzte Mal tritt Händel am 6. April 1759 in der Öffentlichkeit auf.

Szene 54

Händel ist bei der Aufführung des „Messias" an jenem Abend des 6. April 1759 in Covent Garden Theatre anwesend und wird mit großem Beifall begrüßt. Nahezu entrückt sitzt er auf seinem für ihn bereit gestellten Armlehnenstuhl und folgt der Darbietung. Ein neben ihm sitzender Herr bemerkt, zu Händel gebeugt, während der Aufführung: „Dieser Satz, Sir, erinnert mich an die Musik des alten Purcell." Grimmig erwidert Händel: „Ach, geh er zum Teufel, wenn Purcell noch lebte, hätte er bessere Musik geschrieben als diese."

8 Tage später, am 14. April 1759, stirbt Händel und wird am 20. April in Westminster Abbey beigesetzt.

Szene 55

Ein Herr (in guter Kleidung) steht auf dem Marktplatz von Halle und hält in seinen Händen eine Ausgabe (Nr. 71) der „Hallische Zeitungen" von „Sonnabend, den 5. Mai 1759" und liest halblaut folgende Nachricht: „Am 14ten dieses Monats ist der weltberühmte Musicus, Herr George Friedrich Händel, mit dem Tode abgegangen. Er war geboren zu Halle 1685..."

Szene 56

Das Händel-Denkmal von Francois Roubiliac in der Westminster Abtei am 14. April 2011 – vorbeilaufende Touristen.

Ein Passant, vor Händels Grabmal stehend, sagt zu seiner neben ihm stehenden Frau: „Man begrub Dickens direkt neben Händel, Seite an Seite. Es ist nicht so wichtig, aber der Gedanke schmerzt mich, dass Menschen, die zu so etwas fähig sind, Dekan von Westminster werden können."

Literatur

Friedenthal, Richard: Georg Friedrich Händel, Reinbek 1959

Hogwood, Christopher: Georg Friedrich Händel, Stuttgart und Weimar 1992

Marx, Hans - Joachim: Händels Oratorien, Oden und Serenaden, Göttingen 1998

Mattheson; Johann: Grundlage einer Ehrenpforte, Hamburg 1740, Reprint Graz 1969

Smith, Ruth: Handel's Oratorios and Eighteenth - Century Thought, Cambridge 1995